LA MAIN

ESSAI

PHYSIOLOGIQUE ET PSYCHOLOGIQUE

PAR

A. BUE

ANGERS
IMPRIMERIE DE J. LEMESLE, PLACE SAINT-MARTIN, 1
1871.

LA MAIN

Essai physiologique et psychologique

ANGERS, IMPRIMERIE LEMESLE, PLACE ST-MARTIN

LA MAIN

ESSAI

PHYSIOLOGIQUE ET PSYCHOLOGIQUE

PAR

A BUE

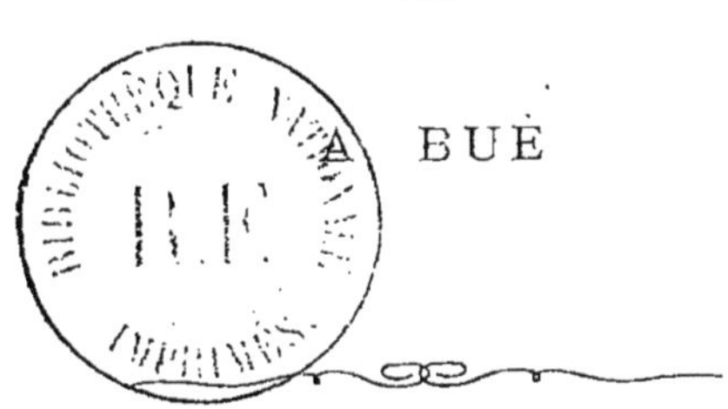

ANGERS

IMPRIMERIE DE J. LEMESLE, PLACE SAINT-MARTIN, 1

1871.

PRÉFACE

En écrivant ces quelques pages, je n'ai pas eu la prétention de faire un ouvrage ; j'ai voulu tout simplement réunir en un faisceau les principaux caractères de la main, pour satisfaire la curiosité de mes amis et leur permettre, en partant d'une base claire et méthodique, d'entrer plus avant dans cette étude intéressante et curieuse.

Plusieurs ouvrages ont paru sur ce sujet ; deux seuls sont dignes d'être lus : ce sont ceux de M. Desbarrolles et de M. d'Arpentigny; mais, il faut le dire, ces deux ouvrages, malgré tout le talent avec lequel ils sont écrits, ne peuvent servir à des commençants ; trop détaillés, un peu diffus, embrassant un sujet trop complexe, manquant de méthode, ils ne sont vraiment abordables que pour les initiés, et n'apprennent absolument rien à ceux qui ne possèdent pas déjà la science et la pratique à un certain dégré.

J'ai essayé, tout en me servant des excellentes remarques des auteurs que je viens de citer, d'être plus concis et plus méthodique qu'eux : Et, mettant à profit les observations constantes que je fais moi-mêmes depuis plusieurs années, j'ai tâché de rendre l'étude de la main plus pratique et plus claire.

Heureux si j'ai atteint le but que je me suis proposé, et si, par cela même, j'ai réussi à attirer l'attention de quelques uns sur des matières si intéressantes et si variées.

« *L'Etude de l'homme par sa forme* » est de toutes les sciences la plus précieuse et la plus utile ; elle ouvre les horizons immenses de l'Analogie ; elle initie à la grande et divine loi de la Création, dont elle est une des plus sublimes expressions ! elle apprend que « *Le tout est dans chacune de ses parties* ».

Angers, le 22 mai 1871.

A. Bué.

« L'hypocrite le plus raffiné, le
» fourbe le plus exercé, ne saurait
» altérer ni la forme, ni les contours,
» ni les proportions, ni les muscles
» de sa main. — Il ne saurait la sous-
» traire aux yeux de l'observateu
» qu'en la cachant tout à fait. »

LAVATER.

PROLÉGOMÈNES

I.

« *La forme est l'expression de l'Etre* »! Tel est le principe sur lequel se basent les considérations qui sont l'objet de l'Etude de la main.

Dans un monde tel que le nôtre, l'âme ne pouvait se manifester que par des organes en rapport avec la nature des autres corps. Aussi, malgré son essence toute spirituelle, l'âme nous apparaît-elle sous cette forme matérielle que nous lui connaissons. Elle s'est assimilé la matière; elle s'est construit les organes nécessaires à l'expression de ses facultés; elle a été créatrice de sa forme.

Or, cette forme, qui est l'enveloppe, l'organe, l'expression de l'âme, le produit de toutes ses forces créatrices, pourrait-elle ne pas être identique à elle-même?

Serait-il logique de dire qu'il n'existe aucun rapport entre deux choses si intimement liées par leur origine et leurs conséquences? — Non! Dans la chaîne immense que forme la Création, depuis l'infiniment petit jusqu'à l'infiniment grand, chaque être s'affirme lui-même et se classe par sa propre nature.

Dans cette éternelle et sublime progression, qui va se perdre dans l'infini du temps et de l'espace, chaque terme a une valeur intrinsèque qui le distingue !...

S'il n'en était ainsi, quel dédale ! quel chaos ! Comment lire dans le grand livre de la nature ! Comment connaître et *savoir*, si les apparences qui frappent nos sens n'ont aucune relation entr'elles et avec les choses qu'elles couvrent ? Et ces sens, eux-mêmes, seuls instruments au moyen desquels nous puissions percevoir le monde et communiquer avec lui, à quoi nous serviraient-ils donc ?

Si l'on repousse cette idée vraie, que la forme est l'expression de l'Etre, on substitue instantanément à ce qui existe un monde imaginaire où l'enchaînement des rapports et des causes, étant détruit, rien de réel ne subsiste ! La Création s'efface à nos yeux ; ce n'est plus qu'une vision fantastique peuplée de chimères !

Affirmons donc cette vérité qui parle si éloquemment à tous nos sens, et ne fermons pas les yeux à la lumière ! Cette vérité a été la clé de toutes les sciences humaines ; c'est sur elle que sont fondées toutes nos connaissances ; car, Etres participant de la matière et vivant dans un monde matériel, nous n'avons pu percevoir les forces de la nature que par leur expression matérielle ! Nos sens impressionnés par ces apparences, par ces phénomènes, ont été nos seuls initiateurs.

De tout temps nous avons employé ce seul moyen pour nous rendre compte de ce qui nous entoure; pourquoi donc varier dans nos procédés d'investigation lorsqu'il est question de nous-mêmes? Pourquoi semblons-nous redouter d'ériger en règles précises la connaissance de l'homme par sa forme? Ceci tient à notre orgueil et à notre imperfection !...

Chacun de nous est physionomiste, il le prétend du moins, mais il met cette sorte de divination sur le compte de son sens intuitif; se laissant aller à des impressions fugitives et trompeuses, il juge sans règles et sans principes; et si quelque observateur plus consciencieux essaie de fixer par des règles cette espèce d'intuition, ces règles sont immédiatement repoussées! Pourquoi?

— Parce qu'une science qui nous dévoile nous est importune et nous effraie! nous voulons bien, en général, scruter nos voisins, les connaître dans tous leurs replis les plus secrets, mais nous nous soucions peu d'être démasqués nous-mêmes; et, dans notre naïve simplicité, qui prend sa source dans notre orgueil, nous espérons que tant que la connaissance de l'Etre ne reposera que sur le résultat de l'intuition, notre perspicacité personnelle nous donnera l'avantage sur nos semblables! En un mot, nous repoussons instinctivement une science qui peut devenir un instrument à la portée de tous et qui, alors, peut se tourner contre nous-mêmes !... Voilà, on peut le dire, la véritable cause de l'incrédulité apparente avec laquelle on a toujours accueilli la Physiognomonie, et qui a fait taxer de charlatanisme cette noble science de l'homme !

Que les ignorants nient la lumière parce qu'ils ne la voient point !

Que les pusillanimes la repoussent parce qu'ils la craignent !

Qu'importe ! La lumière existe, et rien ne l'arrêtera dans sa marche éternelle et immuable !

Incline-toi donc, pauvre hère, devant ton impuissance, ou plutôt fais mieux : lève courageusement la tête et regarde ce soleil de lumière ! Que ses rayons descendent dans ton âme !... Que la sublime Vérité t'instruise et t'éclaire ! Quand tu sauras que tu ne peux ni l'éviter ni la dissimuler, tu deviendras infailliblement bon ! ! . . . .

. . . .

II

De toutes les parties du corps de l'homme, la main est un des organes les plus expressifs. Aussi parlante aux yeux que les traits du visage, elle a ceci de plus avantageux pour l'observateur, qu'elle n'a pas comme le visage d'expressions fugitives et changeantes.

Elle porte le sceau indélébile de l'Etre auquel elle appartient et ne peut, par conséquent, ni mentir, ni tromper !...

Les règles que nous avons réunies ici sur cet intéressant sujet sont le produit de nombreuses observations faites par tous ceux qui se sont occupés de cette science. Il ne faut cependant pas les prendre à la lettre, l'Etre humain est une harmonie tellement complexe et variée, tellement mystérieuse et subtile, qu'il serait oiseux et vain de prétendre le renfermer dans des limites aussi étroites !

Avec les sept notes de la gamme des sons et des couleurs, quels admirables chefs-d'œuvres ne peut-on pas faire ? Mais, qu'on y pense, quel parti tirerait-on de ce petit nombre de signes si l'on n'était ni peintre ni musicien !...

L'alphabet et la gamme servent au chercheur pour lire ou pour créer, mais ils ne peuvent donner au premier venu le génie et la science.

La chirognomonie, ou étude de la forme de la main, peut se diviser ainsi qu'il suit :

1° De la peau.

2° Des ongles.

3° De la main dans son ensemble, au point de vue de ses proportions générales ; de sa nature ; des proportions relatives de la paume et des doigt, et enfin de sa forme.

4° Des doigts dans leur ensemble.

5° Des doigts dans leurs détails.

Lorsqu'on veut examiner une main pour en faire une étude complète, il est nécessaire de suivre cette progression ; on parvient mieux ainsi à classer ses observations et à en tirer des déductions claires et précises.

LA MAIN

CHAPITRE Ier

De la Peau

La peau est pour l'homme une limite sensitive placée à l'extrémité du domaine de son âme, a dit le célèbre physiologiste Bichat ; c'est à cette limite que viennent heurter sans cesse tous les corps, et c'est par elle que l'homme lie son existence avec celles qui l'entourent.

L'examen de la peau, au point de vue du diagnostic de l'Etre, est donc d'une utilité majeure : il faut l'étudier sous le rapport de sa couleur, de sa nature et de son dégré de chaleur.

Les tons de la peau sont variables, mais ils s'échelonnent tous entre ces deux limites extrêmes : le Rouge et le Pale.

Le Rouge, lorsqu'il tire sur la teinte lie de vin ou violacée et qu'il est accompagné de veines nombreuses saillantes et noueuses, est l'indice d'un tempérament violent ; c'est l'irritabilité à ses différents dégrés, depuis l'impétuosité de la colère jusqu'à la brutalité et la rage ; le sang court et bouillonne dans les veines ; la vie des sentiments est active, irrégulière, et fougueuse.

Les mains Rouges, image de l'instabilité et des fluctuations perpétuelles, ont le triste privilége de semer l'agitation et le trouble autour d'elles ; fuyez-les, si vous tenez quelque peu à votre repos ; mais fuyez plus encore les mains pales, antipodes des rouges : ces mains, où la vie semble éteinte, où n'apparaît aucune circulation, et dont la mate blancheur ne s'altère à aucun contact !...

Les mains Pales sont l'image du *calme*, mais de ce calme glacial, produit de l'égoïsme profond !

Mieux vaut mille fois l'orage et ses tempêtes, que cette stagnation morte et glacée ! le torrent, par sa course bruyante et tumultueuse, avertit et met en garde contre le danger ; mais combien est perfide et trompeuse la surface unie et silencieuse de l'eau qui couvre l'abîme !... Gardez-vous contre les séductions de la main blanche et pâle ! . . . .

L'examen des dégrés de finesse de la peau est d'une importance bien plus directe encore que l'Etude de ses tons ; en effet, de tous nos sens le plus subtil assurément est le sens du *tact* ; ce sens a ceci de remarquable qu'il est en quelque sorte le complémentaire et le correctif des autres et qu'il n'agit que par l'action de la Volonté !

Les sons, les couleurs, les saveurs, les odeurs viennent à notre insu et malgré nous, affecter les sens de l'ouïe, de la vue et du goût ; mais lorsque nous *touchons*, c'est de par notre expresse volonté ; nous appelons à notre aide le *toucher* pour rectifier ou parfaire les perceptions qui nous arrivent par les autres organes ; le *toucher* suppose donc un acte réfléchi, et nécessite de la part de l'Etre qui l'exerce une opération préliminaire des fonctions intellectuelles.

Ceci est tellement vrai, que si l'on jette un regard sur la vaste échelle des Etres, on constate qu'il existe dans la créature une corrélation intime entre le développement du cerveau et la perfection des organes du tact.

Chez les animaux, par exemple, dont le tact est obtus, le cerveau est étroit ; chez l'homme, au contraire, où la masse cérébrale atteint son maximum de développement, le sens du tact est merveilleux. L'homme est le seul Être ici bas qui possède un organe du *toucher* aussi parfait, aussi délicat, aussi surprenant que l'est cet admirable instrument qu'on appelle la main.

Si donc l'étude des tons de la peau, qui reflètent l'image des fluctuations vasculaires de la vie organique de l'Etre, nous permet, ainsi que nous l'avons vu, de pénétrer dans sa vie affective, de même aussi nous parviendrons à saisir quelques reflets de sa vie intellectuelle en jugeant du dégré de finesse tactile de la main, cette finesse se trouvant en rapport direct avec le cerveau.

Une peau fine et souple, élastique, sera le gage de la perspicacité et de la finesse intellectuelle ; une peau dure, épaisse et rugueuse donnera l'idée d'un jugement plus obtus et moins subtil.

Il nous reste à considérer la peau au point de vue de sa température.

La température de la peau ne dépend pas exclusivement, comme on pourrait le penser, de l'activité plus ou moins grande du sang ; elle est plutôt la conséquence de ce que nous appellerons *la respiration odique*, c'est-à-dire, la circulation à double courant du fluide magnétique ou *odique* dans l'ensemble du réseau nerveux. Les extrémités jouant un si grand rôle dans cette circulation, on peut dire que la peau des mains en est le véritable thermomètre.

Une chaleur SÈCHE et BRULANTE est l'indice d'une circulation magnétique très active, mais dans laquelle le fluide, obéissant à un mouvement de projection expansive, tend à déserter les conduits nerveux qui le véhiculent pour affluer vers les extrémités ; par suite de cette expansion anormale, tous les plexus ou réseaux nerveux qui président à la vie des grandes fonctions internes, se trouvant trop peu saturés de fluide, influent sur ces fonctions qui souffrent et qui languissent : aussi la chaleur sèche et brulante des mains est-elle presque toujours le diagnostic d'irrégularités morbifiques dans les fonctions digestives ! Cette activité expansive du fluide cause en outre une sorte de fièvre qui réagit sur le caractère, le rend irritable, inquiet, remuant, et lui communique cette agitation fébrile qui le jette constamment en dehors de ses limites.

Une chaleur HUMIDE dénote un désordre dans la circulation odique : ce n'est plus l'activité du courant qui brûle, ou l'afflux anormal aux extrémités, comme dans le cas précédent, mais c'est une intermittence dans le cours du fluide, avec ses stagnations. Il y a discordance entre le *flux* et le *reflux* ; les deux courants cessent d'être équilibrés, et cette discordance finit presque toujours par atteindre et frapper le poumon dont le jeu est en relation directe avec les fonctions de la peau. La main humide et chaude (ce que l'on appelle *halitueuse*) est donc presque toujours le diagnostic d'une faiblesse des organes respiratoires.

LE FROID GLACIAL de la peau dénote une respiration odique peu active, dans laquelle le fluide obéit plutôt à une force concentrante qu'expansive ; tous les centres nerveux, et surtout les centres ganglionaires de la vie interne, s'en emparent et s'en saturent ; cette absorption, lorsqu'elle dépasse certaines limites, produit quelque fois l'ivresse sourde de la vie organique, avec tous ses désordres ; de là vient le proverbe :

« Mains froides, chaudes amours ! »

Enfin, le froid joint à l'humidité est le diagnostic d'une pauvreté d'organisation résultant d'un manque de fluide ; on retrouve dans ces sortes de mains, si désagréables au toucher, la nature visqueuse des animaux à sang froid !

Les gens à mains froides et humides sont les polypes de l'humanité !

Résumons-nous donc, et disons : que la couleur de la peau nous met en relation avec la vie affective et nous éclaire sur le dégré d'énergie des sentiments ; que sa nature nous fournit des indices sur le développement intellectuel ; et que sa température nous dévoile l'état de santé, le tempérament.

Ces notions sont générales ; elles ont pour but d'ouvrir à l'observateur des horizons plus vastes ; rien ne peut limiter nos jugements sur une matière aussi variée ! L'homme, nous ne saurions trop le répéter, est un composé d'éléments si complexes, qui varient sans cesse sous l'influence de l'âge, du sexe, des circonstances locales et de mille autres causes, qu'il serait téméraire, sinon absurde, de le renfermer dans une nomenclature.

Tout est dissemblable dans la nature, lorsqu'il s'agit des apparences et des phénomènes, mais tout se tient par la loi des rapports : l'observation nous donne la clé de cette loi et nous enseigne que chaque atôme dans l'univers gravite et tend vers l'Equilibre, en passant par les dégrés que les extrêmes renferment dans leurs limites.

CHAPITRE II

—

Des Ongles

—

Les ongles sont formés d'une substance à peu près semblable à celle de l'épiderme qui sert d'enveloppe au corps; ils sont en quelque sorte la continuation de cet épiderme et participent comme lui de la nature des carbures, tels que la corne, la baleine, etc.

Des expériences fort curieuses, faites par un chimiste distingué, M. Louis Lucas, ont démontré que les carbures possèdent cette singulière propriété (lorsqu'ils sont placés sur le passage d'un courant électrique) d'agglutiner le fluide: c'est-à-dire, qu'en opposition avec les corps métalliques conducteurs qui absorbent violemment l'électricité et la restituent de même, les carbures s'emparent lentement du fluide, s'en saturent, et le laissent ensuite échapper à la façon de sourdre d'une source.

Cette propriété que les carbures possèdent de ralentir les courants électriques et d'en régler en quelque sorte le cours, explique la présence des ongles au bout des doigts et l'existence de l'épiderme à la périphérie du corps ; si ces organes régulateurs ne formaient ainsi une sorte d'intermédiaire entre l'Etre et le milieu dans lequel il vit, la circulation magnétique se ferait avec une rapidité si foudroyante que tout le réseau nerveux serait profondément ébranlé ; et les sensations trop vives, trop répétées, rendraient les perceptions confuses et jetteraient en elles une perturbation et un trouble inexprimables.

Pour éviter ce désordre, qui eut été un état de souffrance constant, la nature a placé, entre l'extérieur et l'Etre, une barrière qui sert de régulateur à la respiration odique. Cette respiration étant beaucoup plus active aux pointes des extrémités, le bout des doigts a été renforcé par ce petit appareil qu'on appelle *ongle*, afin de mieux répondre à l'afflux plus considérable du fluide en ces parties.

D'après ce qui précède nous pouvons tirer les conclusions suivantes :

Les ongles ÉPAIS (conséquence presque nécessaire de l'épaisseur de l'épiderme) dénotent un manque de finesse dans le sens du tact, qui (nous l'avons dit) est en relation intime avec l'étendue des facultés intellectuelles. De tels ongles seront donc le signe d'un manque de perspicacité et de finesse, d'une certaine étroitesse d'intellect.

Les ongles MINCES, au contraire, dénoteraient une grande délicatesse de tact et de conception.

Les ongles DURS, sont un signe d'énergie et de résolution.

Les ongles MOUS, trahissent la mollesse et l'indécision.

Les ongles PLATS *et* LARGES (qui déterminent généralement un plus grand épanouissement du bout du doigt) sont l'indice d'une forte propension à l'action et au mouvement. Le fluide, s'écoulant moins rapidement, concentre dans la main un plus grand besoin d'activité.

Les ongles plats et larges, surtout lorsqu'ils sont DURS et ÉPAIS, appartiennent donc aux gens actifs, industrieux, chez lesquels l'activité du corps est une nécessité impérieuse ; dans cette catégorie on rencontre les gens brusques, remuants, qui recherchent volontiers la discussion et la lutte, et dont l'esprit, enclin au scepticisme, se plaît dans la contradiction et se tourne plus volontiers vers les choses matérielles.

Si les ongles plats et larges sont MINCES et TRANSPARENTS au lieu d'être durs et épais, c'est bien encore le besoin d'activité, mais l'activité de l'esprit, et non celle du corps ; les gens qui ont de tels ongles recherchent la lutte, mais la lutte intellectuelle, dans laquelle se développe l'indépendance des opinions ; c'est la critique, l'esprit d'examen et le contrôle philosophique, devant lesquels les préjugés s'écroulent !....

Les ongles ÉTROITS *et* BOMBÉS *se* TERMINANT EN POINTE, laissent facilement échapper le fluide ; ils appartiennent presque toujours à des doigts pointus ; de tels ongles dévoilent des impressions vives, rapides, mais fugitives et changeantes. S'ils sont DURS (comme le manque de perspicacité et la faiblesse de jugement viennent se joindre à la rapidité de la sensation), il y a susceptibilité et amour-propre *déréglé*, entraînant comme cortége après lui l'Envie, la Vanité et la Jalousie ! Que de précautions et de ménagements il faut prendre quand on a le malheur d'avoir des relations avec de tels ongles ! Ils passent par les alternatives les plus opposées et les plus rapides ! Tantôt ils font *patte de velours !* tantôt *ils griffent !* mais, quoique vous fassiez, vous échapperez difficilement aux égratignures !

Si *les ongles* ÉTROITS et BOMBÉS sont MINCES, au lieu d'être épais et durs, ils appartiennent à des rêveurs sensibles et poétiques, sujets à s'égarer dans la Mélancolie et l'Extase !...

La longueur des ongles (quoiqu'elle ne dépende pas de la nature, puisque l'homme les coupe), n'en a pas moins une portée significative :

L'homme distrait, insouciant, sans ordre, inégal dans ses allures, et qui, par des oscillations brusques et inattendues, passe de l'action à la paresse, tient mal ses ongles, et bien souvent même les ronge avec les dents jusqu'à la peau.

L'homme actif, sobre, réglé, constant, les soigne sans afféterie, et les coupe courts.

L'homme léger, vaniteux, indolent, paresseux, soigne, taille, et polit ses ongles sans cesse; c'est la grande occupation de son existence ; il a des instruments spéciaux pour cet objet, et il en porte toujours un sur lui pour vaquer à son occupation familière en tous temps et en tous lieux. Evitez soigneusement ces ongles trop polis, trop taillés et trop longs (qui dépassent le bout des doigts d'un centimètre); ils appartiennent à un esprit mesquin, qui ne voit les choses que par le petit côté ; vous ne trouvez là que vanité, minutie et manque de jugement !

Les ongles qui se recourbent vers le bout des doigts comme s'ils se racornissaient, et semblent vouloir pénétrer dans les chairs, sont l'indice d'une irrégularité flagrante dans la respiration odique ; ce sont les ongles du phthisique.

La couleur des ongles mérite aussi d'être observée :

Les ongles d'une teinte jaunatre, violacée ou d'un gris terne, sont l'indice d'une santé mal équilibrée, et d'un caractère violent et chagrin.

Les ongles clairs, brillants, légèrement rosés et avec des cannelures, annoncent un bon tempérament et une grande égalité de caractère.

Les ongles trop roses ou trop pales, unis et sans cannelures, annoncent un naturel faible, lymphatique, et sans ressort.

Lorsque des taches blanches irrégulières se rencontrent dans les ongles, cela tient à leur mauvaise nature; ils sont généralement durs, épais, d'un gris terne et cassants ; ils agglutinent mal le fluide magnétique ; la circulation est saccadée et intermittente; il existe dans les actions et le caractère une instabilité permanente.

Enfin, les ongles sont marqués quelquefois à leur racine d'une tache blanche cernée de rouge, c'est l'annonce d'un caractère entier et opiniâtre.

CHAPITRE III.

De la Main dans son ensemble

PROPORTIONS GÉNÉRALES.

Les mains nous apparaissent d'abord au point de vue de leurs proportions générales.

La main proportionnée au corps, c'est-à-dire ni *trop grande* ni *trop petite*, indique l'Equilibre et l'harmonie ; elle appartient à une nature droite, sensée et honnête.

Il faut se méfier des mains trop courtes ou trop longues :

En général LA MAIN TROP COURTE est un signe de convoitise et de fausseté, elle appartient aux gens insouciants, indélicats et menteurs.

Cette main, dont l'apparence est difforme (tant elle est peu en rapport avec le corps) semble se cacher dans la manche du vêtement, comme si elle craignait les regards et la lumière ; elle est toujours pliée, pelotonnée sur elle-même, et rarement on la voit étendue et ouverte ; quand elle est en action, elle est vive et rapide !

Si elle est GRASSE, c'est la gourmandise et la sensualité jointes à la convoitise.

Si elle est ÉTROITE et FLUETTE, c'est indiscrétion et bavardage; surveillez cette main avec ses grâces enfantines qui trompent! elle sait se faufiler adroitement; elle provoque vos confidences, se mêle à vos affaires et vous caresse; mais ne croyez pas que ce soit par affection : la curiosité et l'amour de l'intrigue sont ses seuls mobiles! Indiscrète, bavarde, avide de caquetages et de petits scandales, elle vous fouille pour mieux vous dévoiler!...

LA MAIN LONGUE est insinuante aussi ; mais plus positive que la main courte, son but a un objectif plus sérieux et plus intéressé! C'est la main des affaires, lorsqu'elle est fluette et grêle ; elle n'est guidée alors que par l'intérêt, le calcul et l'égoïsme ; plus elle est sèche et noueuse, plus la cupidité et l'avarice sont grandes!

SI LA MAIN LONGUE EST FORTE, LARGE ET DURE, elle s'épanouit d'avantage, se montre et s'étale ; c'est l'image de cet égoïsme bruyant et dominateur qui annihile tout autour de lui, impose sa volonté et ses goûts, et fait le vide pour concentrer tout en sa personnalité!

Rien de plus désagréable et de plus importun que cette sorte de main; c'est une véritable absorption, une tyrannie sans limite !

SI LA MAIN LONGUE EST LOURDE ET GRASSE, elle n'a plus le même caractère dominateur que celle dont nous venons de parler ; mais, image d'un esprit pesant, loquace et verbeux, elle s'impose encore d'une façon fort désagréable ; c'est la main de ces ennuyeux, qui vous saisissent par le bouton de votre habit pour vous saturer de leurs sots discours.

En résumé, la main COURTE a des dispositions naturelles à s'insinuer, à duper et à fouiller ! La main LONGUE s'étend, s'impose, attire et enveloppe !

La main LONGUE est faite pour nouer les intrigues, la main COURTE pour les dénouer !

Après avoir considéré la main au point de vue de ses proportions avec le corps, il faut la juger sous le rapport de sa direction.

La main qui s'ouvre naturellement et forme sans effort, dans cette position, une ligne parfaitement droite, est la main de l'homme franc, honnête et discret.

La main CONCAVE et CREUSE, qui ne s'ouvre et ne s'étend jamais entièrement, est la main de l'homme méfiant, dissimulé, qui concentre et cache sa pensée ; c'est souvent la main du menteur et du fripon.

La main CONVEXE et RENVERSÉE, qui s'ouvre trop, et dans laquelle l'extrémité des doigts se renverse et se recourbe en arrière, est la main de l'homme trop *en dehors de lui-même*, qui sème sa pensée à tous les vents ;

La main molle GRASSE ET LUISANTE est le cachet particulier de la gourmandise.

De ce qui précède nous pouvons conclure : que la main *équilibrée* ne doit être ni *dure* ni *molle ;* elle doit tenir de ces deux états sans excès, c'est-à-dire, qu'elle doit être *souple sans mollesse,* et *résistante sans dureté ;* c'est alors la fermeté, l'égalité d'humeur et la Bonté ; c'est la main de l'homme qui suit la ligne droite ; Il y a Equilibre, harmonie, et par suite tempérance, justice et sagesse !...

DES PROPORTIONS RELATIVES DE LA PAUME ET DES DOIGTS

Non seulement la main doit être en rapport de proportions avec le corps, mais les doigts doivent aussi être en rapport de proportions avec la paume.

Les doigts peuvent être ou trop LONGS ou trop COURTS.

Les doigts LONGS représentent l'*analyse* et l'amour du détail, qui produisent souvent l'étroitesse de vue, la minutie, et comme conséquence, la lenteur, la mesquinerie et la susceptibilité. L'excès de longueur des doigts est le reflet de l'esprit de chicane, de la mauvaise foi et de la sécheresse de cœur.

Les doigts COURTS représentent la *synthèse*, la recherche de l'ensemble et l'amour de la masse : ils sup posent une grande rapidité de coup d'œil et de jugement, de la largeur dans les vues, beaucoup d'à-propos, et une grande rapidité d'exécution; ces qualités entraînent cependant parfois la négligence des détails et le manque d'ordre, qui peuvent compromettre le résultat et empêcher d'atteindre le But! les doigts courts ont donc les défauts de leurs qualités, et s'ils indiquent la rondeur de caractère et la bonhomie, ils produisent aussi l'insouciance, la négligence dans les formes, et l'oubli des convenances.

Les doigts LONGS sont toujours méticuleux, formalistes, amis de l'étiquette, esclaves de la règle; parfaitement renseignés sur les réglements et les usages, ils sont lents, compassés et méthodiques; ils ne vous font pas grâce d'un iota! les doigts COURTS, au contraire, doués d'un jugement rapide, sont pressés d'arriver au but que la pensée a fixé d'avance! Les doigts courts jugent *à priori*, les doigts longs ont besoin de commenter tous les codex avant de se prononcer! Arrière, pédants et rhéteurs aux doigts longs! si les courts, ont leurs défauts, ils sont du moins beaucoup plus sociables que vous!

DE LA FORME DE LA MAIN

La main est POINTUE, CARRÉE ou SPATULÉE, ou du moins, toutes les formes variées de la main trouvent leur place entre ces trois points caractéristiques: la forme

CARRÉE est le point milieu, les formes POINTUE et SPATULÉE sont les points extrêmes.

LA MAIN CARRÉE, est généralement équilibrée dans toutes ses parties, c'est-à-dire, qu'elle n'est ni courte ni longue, ni molle ni dure ; les doigts sont proportionnés à la paume ; le bout des doigts est carré ; les deux lignes qui limitent les côtés de la main sont sensiblement parallèles.

La main CARRÉE, représente la Raison ; on l'appelle la main *naturelle* ou *philosophique ;* c'est l'égalité de tempérament, la justice, et la pondération de la pensée; la vie animale et la vie psychique, justement équilibrées entre elles, sont également éclairées par le flambeau de la lumière intellectuelle ! il y a égal épanouissement de toutes les facultés de l'Etre, et par suite accord et harmonie.

LA MAIN POINTUE est rarement équilibrée dans ses proportions ; elle est ou longue ou courte, mais elle est presque toujours fine et moëlleuse ; si par exception elle est épaisse et dure (ce qui se rencontre bien rarement), elle représente le fanatisme de la superstition.

Dans la main pointue, les doigts (ordinairement LISSES) ont le bout pointu, et les deux lignes qui limitent les côté de la main, au lieu d'être parallèles, tendent à se rencontrer non loin et en avant de l'extrémité des doigts.

La main POINTUE, qu'on appelle main *psychique*, a des perceptions rapides mais fugitives ; la vie intellectuelle, développée plutôt dans la recherche du *Beau* que dans la connaissance du *Vrai*, exalte et trouble la vie des sens et des affections ; et l'éloignement de la réalité la précipite dans le monde des fictions et des chimères. La main pointue est riche d'imagination, elle a pour elle la conception, l'invention, la divination ; son domaine est l'Art, la Poésie et l'Extase.

LA MAIN SPATULÉE n'est pas plus équilibrée que la main pointue ; elle est ou longue ou trapue, et plutôt dure que molle. Le bout des doigts va en s'évasant et forme une sorte de spatule ; les deux lignes qui renferment la main au lieu d'être parallèles, tendent à s'éloigner l'une de l'autre en divergeant.

La main SPATULÉE représente l'action, l'exécution, la pratique ; aussi l'appelle-t-on la main *industrielle* ; la vie animale l'emporte sur la vie psychique ; l'intelligence éclaire plutôt la forme matérielle que les horizons lointains et élevés de la pensée ! Dans la main *psychique*, l'Idéalisme avait une trop grande prépondérance ; dans la main *industrielle*, c'est le Réalisme qui l'emporte ; ces deux excès sont également regrettables, car tous deux ils mènent à l'erreur : c'est dans le juste-milieu que la Vérité ouvre son sillon !

L'excès en tout est un mal :

La main CARRÉE, qui est l'image de la Raison, si sa

forme est exagérée, n'est plus elle-même dans la voie droite ; l'expression trop carrée de la main représente en effet, le fanatisme de l'ordre et de la méthode, l'exaltation du Bien et du Juste qui produit la régularité abrutissante, le despotisme étroit, l'esclavage du droit, de l'usage et de la règle.

L'exagération de la forme POINTUE représente le dévergondage de l'imagination ; elle engendre le caprice, le mensonge, l'imprévoyance, et conduit aux entreprises romanesques, aux tendresses folles, aux alternatives de joie et de tristesse, aux grands découragements ! L'exagération de la forme SPATULÉE mène aux mêmes erreurs par une autre voie : représentant une extrême confiance en soi-même, une ambition démesurée, un besoin absolu de mouvement, cette disposition exagérée précipite dans des entreprises chimériques ; et le scepticisme, qui est la négation du Vrai, produit le même résultat que l'idéalisme qui le voile !

Le philosophe et l'administrateur ont la main *carrée*.

Le poète et l'artiste ont la main *pointue* ; l'industriel et le conquérant ont la main *spatulée*.

L'homme qui a la main *carrée*, aime la symétrie, agit avec réflexion, et vit autant par la pensée que par le cœur ; il aime avec chaleur, mais sans aveuglement ni passion.

Celui qui a la main *pointue* est irrésolu, changeant, incapable de poursuivre un plan ; il conçoit, il invente, mais exécute rarement ; ses sentiments sont vivaces : il aime avec exaltation, avec fougue, mais ce feu n'a pas de durée.

Celui qui a la main *spatulée* est l'homme d'énergie et de résolution ; persévérant et audacieux, aucun obstacle ne l'arrête, aucune difficulté ne l'effraie ; en amour il peut-être violent, mais jamais tendre.

CHAPITRE IV

Des Doigts dans leur ensemble

Les doigts peuvent être LISSES ou NOUEUX. LE DOIGT LISSE, c'est la faculté par excellence de juger à première vue ; c'est la spontanéité, l'intuition, l'inspiration qui remplace le calcul ; mais la facilité avec la quelle on perçoit spontanément exclut la réflexion et le classement ; l'inspiration, dominant le raisonnement, il peut y avoir légèreté et caprice ; la fantaisie et le sentiment peuvent entraîner et conduire à l'erreur, en voilant la réalité. Comment démêler ces deux points de vues si différents ? Il est indispensable pour établir un jugement sain de consulter tous les indices fournis par les autres détails de la main ; plus on avance dans cette étude, plus il est nécessaire d'établir une sorte de bilan, dans lequel telle forme, telle nuance peut contrebalancer telle autre, ou bien au contraire venir corroborer le premier jugement et forcer le *trait* qu'on avait saisi ; ainsi par exemple :

— Que les doigts LISSES soient POINTUS, il y a exagération des défauts du doigt lisse : l'Inspiration devient de l'enthousiasme, et la faculté de juger à première vue, au lieu d'être utile, égare.

— Que les doigts LISSES soient CARRÉS, l'équilibre se rétablit, l'Inspiration se trouve fortifiée par la Raison, le jugement prompt est secondé par une intelligence clairvoyante.

— Que les doigts LISSES enfin soient SPATULÉS, ce n'est plus que la sensibilité materielle, la sensualité, qui porte à l'amour de la forme, et à l'appréciation des choses sous l'aspect de leur utilité et de leur côté physiquement sensible.

LE DOIGT NOUEUX, représente la réflexion, l'ordre et le calcul.

On distingue deux sortes de nodosités :

1° Celle qui se trouve à la première articulation, entre la première et la deuxième phalange ; c'est le NŒUD PHILOSOPHIQUE.

2° Celle qui se trouve à la deuxième articulation, entre la deuxième et la troisième phalange ; c'est le NŒUD D'ORDRE MATÉRIEL.

LE DOIGT NOUEUX, se distingue donc du doigt LISSE, en ce que les nodosités des articulations sont plus ou moins saillantes.

LE NŒUD PHILOSOPHIQUE, caractérise l'ordre dans les idées ; il indique une disposition naturelle à examiner, à peser, à contrôler ; c'est la marque de l'indépendance d'opinion, de l'esprit de *causalité* qui porte à un examen sérieux des faits et sait faire justice des Préjugés ; le nœud philosophique ne base pas ses croyances sur la foi d'autrui ! s'il est trop saillant, il entraîne au doute, à l'incrédulité, au scepticisme.

Le nœud d'ordre matériel témoigne d'un grand ordre dans toutes les choses matérielles; c'est le calcul, l'entente des affaires, les aptitudes industrielles et commerciales ; le sentiment du beau et le goût des arts sont dominés par la recherche de l'Utile. L'excès dans la nodosité matérielle est une marque d'égoïsme et d'étroite personnalité.

La main spatulée et noueuse, est la main de l'agriculteur, du commerçant, de l'industriel et du mécanicien.

CHAPITRE V

Des Doigts dans leurs détails

A mesure que l'on pénètre dans les détails, les observations deviennent plus obscures et plus difficiles ; car plus on s'éloigne des principes et des règles générales, qui embrassent l'ensemble et dirigent la masse, plus au risque de s'égarer.

L'observateur ne peut donc tirer parti des nuances délicates que présentent ces derniers détails, qu'à la condition expresse de les rattacher à un ensemble ; prises isolément ou d'une façon trop absolue, elles conduiraient infailliblement à des appréciations fausses ; il ne faut pas perdre de vue qu'un jugement physiognomonique ne peut se baser sûrement que sur un enchaînement de faits et un ensemble d'observations !

Les cinq doigts sont : l'auriculaire, l'annulaire, le medius, l'index, et le pouce.

Nous allons les examiner successivement en commençant par l'auriculaire.

L'AURICULAIRE

L'auriculaire ou petit doigt, était pour les anciens le doigt de la science et du commerce ; aussi l'appelaient-ils MERCURE.

Le petit doigt a une physionomie fort originale : plus mince, plus pointu, plus fluet que les autres doigts, il a un aspect plus intelligent ; il se tient souvent écarté des autres, comme s'il voulait se mettre à l'écart ; et il possède une mimique fort expressive : « *mon petit doigt me l'a dit,* » répète-t on quelquefois en plaisantant.

Le fait est que *c'est le doigt* du Savoir et du Jugement.

L'auriculaire POINTU est *intuitif* ; CARRÉ, *chercheur* ; SPATULÉ, *agissant* ; aussi le premier est il *artiste*, le second *savant*, et le troisième *commerçant* et *industriel*.

S'il est COURT, il juge vite ; s'il est LONG, il combine et calcule ; aussi le second est-il bien plutôt le doigt des affaires que le premier.

S'il est DROIT, il est franc et honnête.

S'il est TORTU, il est dissimulé et faux.

L'auriculaire tortu, noueux et spatulé, est le doigt du larron !

Si le petit doigt a une tendance à s'incliner vers son voisin L'ANNULAIRE, et ne s'écarte pas trop de la main, c'est désintéressement, recherche de la science pour elle-même; si au contraire il a une propension naturelle à s'écarter de L'ANNULAIRE et à se jeter en dehors, c'est l'indice d'un caractère intéressé, prétentieux, qui veut *savoir* pour paraître ou pour acquérir, et qui ne perd jamais de vue ses intérêts; c'est l'instinct des affaires, l'habileté dans les transactions, l'Agiot!

L'ANNULAIRE

L'ANNULAIRE, est le doigt qui porte les bagues; les anciens le considéraient comme le doigt des arts, des richesses; ils l'avaient appelé APOLLON.

L'annulaire a peu de physionomie; il est loin d'être expressif comme l'auriculaire, il est *passif;* malgré cela il dit encore quelque chose:

S'il est POINTU, il exprime l'Intuition, et le sentiment du Beau.

S'il est CARRÉ, il exprime l'art dans la science: le sentiment du Vrai.

S'il est SPATULÉ, il exprime l'art appliqué: l'exécution.

S'il est COURT, il sent, il comprend, mais ne crée point.

S'il est LONG, il copie ou crée.

S'il est LISSE, c'est l'art pur.

S'il est NOUEUX, c'est le côté utile de l'art.

APOLLON, dit-on, correspond au cœur; il a plus de

chaleur vitale que les autres doigts : c'est pour cela que lorsque la maladie de la goutte tombe sur les mains, Apollon est atteint le dernier.

LE MÉDIUS

Le médius domine la main, c'est le doigt le plus long ; les anciens l'appelaient Saturne, le Dieu du Temps et de la Destinée.

Le médius, est *passif* plus encore que l'annulaire, il est muet comme le Destin ! cependant dans ses apparences on retrouve quelques reflets du caractère et de la force de l'Ame.

Pointu, il annonce l'insouciance qui fait prendre la vie par son côté plaisant ; c'est la légèreté et la gaité.

Carré, il annonce le calme sérieux qui permet de lutter ; c'est la force.

Spatulé, il annonce le découragement qui fait prendre la vie par son côté triste ; c'est la mélancolie et les idées noires.

S'il est long, les plus petits incidents de la vie sont des événements.

S'il est court, on prend les choses pour ce qu'elles valent.

S'il se jette vers l'annulaire, les aspirations de la vie se tournent plutôt vers le Bien, le Beau, et vers la Science.

S'IL S'INCLINE VERS L'INDEX, les aspirations de la vie tendent toutes vers l'Ambition ; c'est l'esprit politique, la Vanité et l'Orgueil.

SATURNE correspond, dit-on, au foie et à la rate; aussi prétend-on que lorsqu'il est froid, pâle et comme atrophié, c'est un indice de l'état maladif de ces organes.

L'INDEX

L'INDEX est éminemment *actif*, et contribue plus que le petit doigt à la physionomie de la main ; les anciens le nommaient JUPITER ; c'est en effet *le doigt du commandement !* séparé des autres doigts, son action est souvent individuelle ; il suit presque toujours les mouvements de la pensée, et est l'associé le plus intime DU POUCE, *le roi de la main !* L'index, est son *premier ministre !*

Non seulement l'index est le doigt du commandement; c'est aussi *le doigt de l'orgueil :* chez les personnes orgueilleuses, ce doigt se trouve souvent isolé et en avant des autres.

S'IL EST POINTU, c'est l'amour-propre, le désir de briller.

S'IL EST CARRÉ, c'est l'ambition noble et élevée.

S'IL EST SPATULÉ, c'est l'ambition insatiable, orgueilleuse et tyrannique.

S'IL EST COURT, c'est bonté et bienveillance.

S'IL EST LONG, c'est fierté et raideur.

JUPITER, d'après les anciens, correspondait aux poumons; aussi, d'après eux, la phthisie innée aurait-elle pour indice une déformation sensible de la première phalange de ce doigt.

LE POUCE

L'animal supérieur est dans la main, mais l'homme seul est dans le POUCE ! Le pouce est le résumé de toute la main ; bien mieux, il est l'expression fidèle et exacte de l'homme tout entier ! aussi peut on dire hardiment :

« LE POUCE, C'EST L'HOMME ! »

Dans le pouce, se retrouvent les trois grands mobiles de la vie :

La Volonté, ou l'Empire de soi ;

La Raison, ou le Jugement ;

La Matière, ou les Sens.

Le pouce, est la Volonté raisonnée qui domine la vie des sens ; c'est l'expression du sens moral que nous pouvons opposer à notre gré aux entraînements de l'Instinct ; c'est la vie supérieure éclairant la vie animale ! cela est si vrai, que là où l'intelligence n'est pas encore éclose ou s'est éteinte, là où le soleil moral ne brille pas, le pouce reste inerte : les enfants nouveaux-nés et les moribonds, le rentrent en dedans de la main et le cachent ; les idiots de naissance ont souvent le pouce atrophié ; enfin, dans l'épilepsie, le signe caractéristique de cette affreuse maladie, est la rétraction violente du pouce en dedans de la main et contre la paume.

Les hommes dissimulés ou timides rentrent et cachent souvent leur pouce, en fermant la main ; c'est même un mouvement instinctif chez la plupart des femmes, lorsqu'elles ferment le poing.

Les hommes de lutte au contraire, énergiques, entreprenants et démonstratifs, tiennent les pouces constamment ouverts.

Saisir quelqu'un par les pouces, c'est se rendre maître promptement de sa Volonté. On met les *poucettes* aux prisonniers ; les magnétiseurs commencent par s'emparer des pouces de leur sujet pour détruire sa force de résistance et annihiler toute opposition de sa part.

Le pouce doit-être proportionné à l'ensemble de la main ; il doit-être droit, également fort dans toutes ses parties : c'est alors Equilibre entre la tête et le cœur.

Le pouce long, c'est le cœur dominé par la tête, par conséquent : persévérance, domination, énergie, ambition et perfectionnement.

Le pouce court, c'est la tête dominée par le cœur,

c'est-à-dire manque de persévérance, douceur, bonhomie, abandon, fantaisie, et caprice.

LE POUCE TROP COURT, est le grand ennemi de la vertu des femmes !...

LE POUCE CONTOURNÉ, DÉJETÉ, FAIT EN FORME DE BILLE, est l'indice d'une mauvaise nature : hypocrisie, méchanté, rancune, et violence.

On est l'*esclave* des pouces LONGS, le *maître* des pouces COURTS ; mais il faut toujours éviter les pouces DIFFORMES!

Le pouce se compose de trois parties distinctes :

1° La première phalange, qui est onglée;

2° La deuxième phalange ;

3° La racine du pouce, qui forme une partie de la paume.

La première phalange est *psychique*, elle représente la Volonté, l'Empire de soi, la Conscience du Devoir.

La seconde phalange est *philosophique*, elle représente l'Intelligence, le Jugement, la Science.

La racine du pouce, que les anciens appelaient VENUS, représente les sens, les affections.

La première phalange nous donne donc la mesure de la vie *morale*; la seconde, la mesure de la vie *intellectuelle* ; et la troisième, les tendances de la vie *animale* : s'il y a juste proportion entre ces trois parties, il y a Equilibre; mais si la première phalange est plus grande que les autres, c'est signe que l'Empire de soi domine; si c'est la seconde, c'est l'Intelligence ; si c'est la troisième, ce sont les sens.

Les gens qui ont la première phalange TRÉS LONGUE, sont entiers, dominateurs, ambitieux, persévérants, audacieux.

Ceux qui, au contraire, ont cette première phalange TRÉS COURTE, sont faibles, incertains, irrésolus; bons et aimables, mais sans consistance.

Prenez les pouces LONGS pour les entreprises difficiles, qui demandent l'énergie et la persévérance ; mais ne comptez jamais en rien sur les pouces COURTS, ils sont incapables d'avoir une idée suivie ; le seul avanqu'ils aient sur les LONGS, c'est d'être généreux et aimables ; ce qui n'arrive pas toujours à ces derniers, qui sont naturellement enclins à une certaine sécheresse et une certaine raideur !

MA PHILOSOPHIE

APHORISMES

APHORISMES

—

DIEU

Qui ose représenter Dieu à son image ? . . .
. . . . . — Folle et sotte vanité de la créature, qui prétend renfermer son créateur dans des limites et le *concevoir* ! ! ! . . . .
. . . .

*
* *

DEUX PRINCIPES ÉTERNELS DANS LA NATURE

L'Actif et le Passif !
Le Mouvement et la Matière !
L'Etre et l'Organe !

*
* *

UNE SEULE LOI

Loi sublime par sa simplicité :
LA VARIÉTÉ DANS L'UNITÉ!

Le tout dans chacune de ses parties !

Chaque Etre, par sa dissemblance même, est l'expression de cette grande Loi.

*
* *

L'UNIVERS

L'Univers est composé de la chaîne des Etres, depuis l'infiniment Petit jusqu'à l'infiniment Grand !

Mêmes rapports entre chaque terme !

Même point de départ. — Même but !

Tout s'achemine vers la perfectibilité à travers de multiples et éternelles métamorphoses !

*
* *

L'AME

Force essentiellement virtuelle, l'Ame appartient au principe *actif*, elle est créatrice !

Elle agit sur la Matière, principe *passif*, et crée les formes !

La forme est donc l'expression pure et invariable de l'Etre !

La puissance créatrice de l'Ame s'étend à mesure que ses facultés s'élèvent ; plus l'Ame est près de son point de départ, moins elle possède de facultés, moins elle a besoin d'organes pour les exprimer, et plus alors sa forme est rudimentaire.

*
* *

L'HOMME

L'Homme, c'est l'Etre arrivé à l'état *conscient.*

C'est l'Etre dans la période de développement de la vie morale !

De même que dans la graine sommeille la Virtualité simple de la plante, que le souffle de la vie doit épanouir; de même l'Etre, que l'on appelle l'Homme, d'une Virtualité plus complexe que la plante, tient en lui le germe de cinq existences qui n'attendent que l'éducation pour se développer !

Ces cinq existences sont :

La vie sensuelle,

La vie affective,

La vie intellectuelle,

La vie morale,

La vie religieuse.

Chacune de ces existences se développe séparément, selon les circonstances dans lesquelles l'Etre se trouve placé ; leur complet et égal épanouissement est le but de la perfectibilité de l'Homme ;

lorsqu'il l'a atteint, il s'élève, et passe à un dégré supérieur de l'échelle des Etres !...

***

LE BONHEUR

Qu'est-ce que le Bonheur ?

— C'est l'harmonie et L'ÉQUILIBRE à chaque dégré ! Chaque série d'Etres a son équilibre propre et par suite son Bonheur !

Dans la série humaine, le Bonheur est l'équilibration des facultés et des aspirations de l'Etre.

Tout équilibre naît d'un antagonisme !

Deux forces contraires existent donc dans l'Etre :

L'*Animale*, dont le domaine est la vie sensuelle et affective ;

La *Spirituelle*, dont le domaine est la vie morale et religieuse.

La première est notre *Passé !*

La seconde est notre *Avenir !*

C'est l'*Origine* et le *But* !

Une lutte perpétuelle règne entre ces deux forces ; savoir les équilibrer c'est être heureux ! !. . . .

. . . .

L'ÉQUILIBRE

Comment atteindre à cet Equilibre ?...

Je le dis, nous avons en nous deux forces antagonistes, on pourrait dire deux âmes : la Belle et la Bête !...

Livrées à elles-mêmes, ces deux forces lutteraient dans l'obscurité et l'ignorance, sans pouvoir trouver la route ; ce serait le trouble et le chaos ! Un troisième élément était donc nécessaire, il fallait une lumière !

Cette lumière, c'est la vie intellectuelle ! elle apporte dans la lutte le flambeau de l'Intelligence, la connaissance du Vrai !

De la Raison jaillit l'étincelle !

Le But apparaît, la route s'éclaire, l'ordre succède au chaos ! L'harmonie éclate radieuse et divine, et l'Equilibre se produit ! *Fiat Lux !....*

*
* *

LA DOULEUR

Heureux ceux qui souffrent !....

La Douleur est le grand ressort de la marche progressive de l'Ame !

C'est l'aiguillon qui pousse l'Etre vers le But!

Heureux ceux qui souffrent !

Souffrir, c'est *progresser !...*

∴

LE PLAISIR

Le Plaisir ? Est-ce donc chose si différente de la Douleur ?... Qu'on me dise où commence l'un et où finit l'autre !...

Jouir, c'est savoir souffrir !...

Il y a de douces amertumes et d'amères jouissances !...

***

LA MORT

La vie humaine n'est pas toute la vie ! Elle est une des phases du développement de l'Etre. L'Ame, par des métamorphoses innombrables, gravite éternellement dans l'universelle Vie vers les horizons lointains de la perfection ! c'est là son immortalité ! . . . .

La Mort est le passage d'une métamorphose à une autre !

Ce n'est donc pas une Fin !

C'est un commencement ! une Rénovation !

*
* *

LIGNE DE CONDUITE (1)

— Sois ce que tu es !
— Que rien ne soit Grand ni Petit à tes yeux !
— Sois fidèle dans les moindres choses !
— Fixe ton attention sur ce que tu fais, comme si tu n'avais que cela seul à faire ! Celui qui a bien agi dans le moment actuel a fait une bonne action pour l'Eternité !
— Simplifie les objets, soit en agissant, soit en jouissant et même en souffrant !
— Borne toi au présent, à ce qui est le plus près de toi !
— Reconnais Dieu en toutes choses, dans le firmament comme dans le grain de sable !
— Rends à chacun ce qui lui est dû !
— Sois juste et exact dans les plus petits détails !
— Espère en l'avenir !
— Sache attendre !

(1) Les douze premiers préceptes sont empruntés à Lavater.

— Sache jouir de tout et apprends à te passer de tout !

— Pardonne toujours, la haine ne doit jamais souiller ton cœur ; mais combats les préjugés et l'erreur partout où tu les rencontres.

— Travaille sans cesse à élargir le cercle de tes affections : fais que ton cœur soit assez grand pour aimer l'humanité entière.

— Ne sois jamais *humble* mais *digne* : L'Humilité rapetisse, la Dignité grandit et élève.

— Prie en te rapprochant de Dieu et non pas en t'éloignant de lui !

— Rappelle-toi que la prière et l'adoration ne sont ni dans les mots, ni dans la forme, mais bien dans l'acte.

— Agis donc ! et « FAIS AUX AUTRES CE QUE TU VOUDRAIS QU'IL FUT FAIT A TOI-MÊME. »

C'est la Loi et les Prophètes !

INDEX.

FIN.

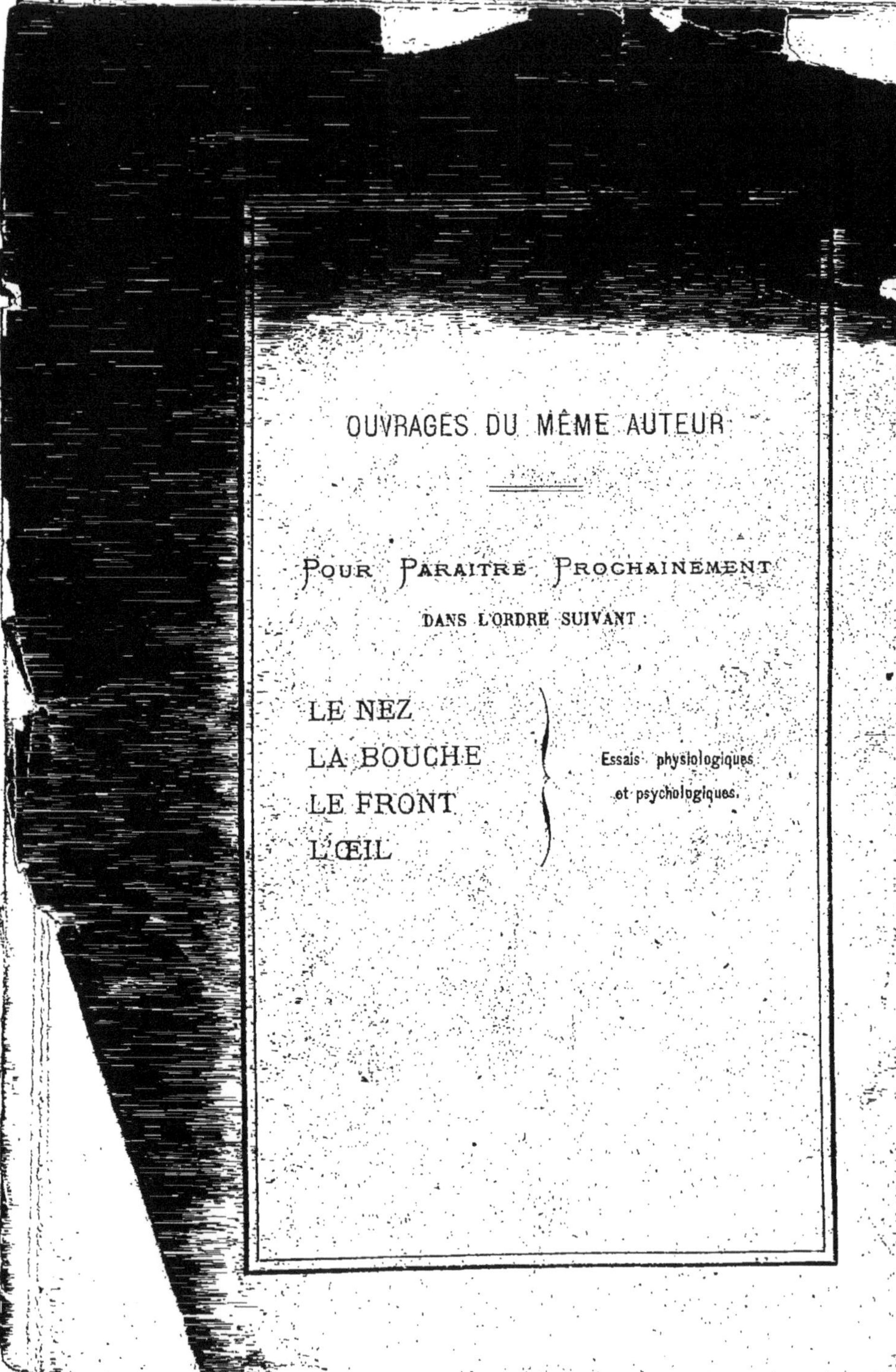

OUVRAGES DU MÊME AUTEUR

POUR PARAITRE PROCHAINEMENT

DANS L'ORDRE SUIVANT :

LE NEZ
LA BOUCHE
LE FRONT
L'ŒIL

Essais physiologiques et psychologiques.

www.ingramcontent.com/pod-product-compliance
Ingram Content Group UK Ltd.
Pitfield, Milton Keynes, MK11 3LW, UK
UKHW021149220726
13924UKWH00003B/1070

9 782019 934224